LIBRO DI RI
TOFU PER V

50 RICETTE SALUTARI

MICHELA DEIAS

Tutti i diritti riservati.

Disclaimer

Le informazioni contenute in i intendono servire come una raccolta completa di strategie sulle quali l'autore di questo eBook ha svolto delle ricerche. Riassunti, strategie, suggerimenti e trucchi sono solo raccomandazioni dell'autore e la lettura di questo eBook non garantisce che i propri risultati rispecchieranno esattamente i risultati dell'autore. L'autore dell'eBook ha compiuto ogni ragionevole sforzo per fornire informazioni aggiornate e accurate ai lettori dell'eBook. L'autore e i suoi associati non saranno ritenuti responsabili per eventuali errori o omissioni involontarie che possono essere trovati. Il materiale nell'eBook può includere informazioni di terzi. I materiali di terze parti comprendono le opinioni espresse dai rispettivi proprietari. In quanto tale, l'autore dell'eBook non si assume alcuna responsabilità per materiale o opinioni di terzi. A causa del progresso di Internet o dei cambiamenti imprevisti nella politica aziendale e nelle linee guida per l'invio editoriale, ciò che è dichiarato come fatto al momento della stesura di questo documento potrebbe diventare obsoleto o inapplicabile in seguito.

SOMMARIO

INTRODUZIONE

Se stai cercando di mescolare le tue fonti proteiche con centrali a base vegetale, non guardare oltre il tofu come opzione vegana o vegetariana facile da cucinare. Il tofu è flessibile, dal punto di vista della cucina. Questo perché è disponibile in una varietà di trame (a seconda di quanta acqua viene estratta) ed è piuttosto insipido. Poiché è relativamente insapore, si adatta bene ad altri sapori senza competere con loro.

Il tofu, noto anche come cagliata di fagioli, è un alimento preparato coagulando il latte di soia e quindi pressando la cagliata risultante in blocchi bianchi solidi di varia morbidezza; può essere setoso, morbido, sodo, extra fermo o super compatto. Oltre a queste ampie categorie, ci sono molte varietà di tofu. Ha un sapore sottile, quindi può essere utilizzato in piatti salati e dolci. Viene spesso condito o marinato per adattarsi al piatto e ai suoi sapori e grazie alla sua consistenza spugnosa assorbe bene i sapori.

Se non ci hai mai lavorato prima, cucinare il tofu può essere scoraggiante. Ma una volta imparato un po ', non potrebbe essere più facile preparare bene il tofu! Di seguito troverai le ricette più deliziose e facili da cucinare come un professionista!

Semplici consigli per cucinare il tofu:

- Assicurati di selezionare la giusta consistenza. Nei negozi di alimentari, varia da setoso a compatto e extra-compatto. Il tofu morbido di seta sarebbe la mia scelta per mescolarlo ai dessert o affettare nella zuppa di miso, ma se lo stai servendo come piatto principale o lo condisci su ciotole, extra-sodo è ciò di cui avrai bisogno. Ha una consistenza più corposa e densa e un contenuto di acqua inferiore rispetto ad altri tipi di tofu. Nota: preferisco acquistare tofu biologico prodotto senza semi di soia geneticamente modificati.
- Premilo. Il tofu contiene molta acqua e ti consigliamo di spremerne la maggior parte, soprattutto se lo stai cuocendo, grigliato o friggendo. Le presse per tofu sono disponibili nei negozi, ma non è necessario averne una. Puoi usare una pila di libri, o semplicemente fare quello che faccio io e usare le mani per premerla leggermente su un canovaccio o carta assorbente. (Assicurati solo di non spingere troppo forte, o si sbriciolerà!)
- Spezia. It. Su. C'è una ragione per cui il tofu si contrae per essere insipido, ed è perché lo è! Assicurati di condirlo bene. Puoi marinarlo o prepararlo usando una ricetta croccante di tofu al forno.

1. Cagliata di fagioli con salsa di ostriche

- 8 once di farina di fave
- 4 once di funghi freschi 6 cipolle verdi
- 3 gambi di sedano
- pepe rosso o verde
- cucchiai di olio vegetale 1/2 tazza di acqua
- cucchiaio di amido di mais
- cucchiai di salsa di ostriche 4 cucchiaini di sherry secco
- 4 cucchiaini di salsa di soia

Tagliare la farina di fave a cubetti da 1/2 pollice. Pulite i funghi e tagliateli a fettine. Taglia le cipolle in pezzi da 1 pollice. Tagliare il sedano a fette diagonali da 1/2 pollice. Rimuovere i semi dal pepe e tagliare il pepe in pezzi da 1/2 pollice.

Scalda 1 cucchiaio di olio nel wok a fuoco alto. Cuocere la cagliata di fagioli nell'olio, mescolando delicatamente, fino a quando non diventa marrone chiaro, 3 minuti. Togliere dalla padella.

Riscaldare il rimanente 1 cucchiaio di olio nel wok a fuoco alto. Aggiungere i funghi, le cipolle, il sedano e il pepe, soffriggere per 1 minuto.

Rimetti la farina di fave nel wok. Mescola leggermente per combinare. Mescolare acqua, amido di mais, salsa di ostriche, sherry e salsa di soia. Versare il composto nel wok. Cook e

mescolare fino a quando il liquido bolle. Cuocere e mescolare 1 minuto in più.

2. Tofu fritto

- 1 blocco di tofu solido
- ¼ di tazza di amido di mais
- 4-5 tazze di olio per friggere

Scolare il tofu e tagliarlo a cubetti. Ricopri con l'amido di mais.

Aggiungere l'olio a un wok preriscaldato e riscaldare a 350 ° F. Quando l'olio è caldo, aggiungi i quadrati di tofu e friggi finché non diventano dorati. Scolare su carta assorbente.

Produce 2 tazze e mezzo

Questo frullato gustoso e nutriente è una colazione o uno spuntino pomeridiano ideale. Per un sapore extra, aggiungi i frutti di bosco di stagione.

3. Cagliata Di Fagioli Fermentati Con Spinaci

- 5 tazze di foglie di spinaci
- 4 cubetti di farina di fave fermentate con peperoncini
- Un pizzico di polvere di cinque spezie (meno di ⅛ cucchiaino)
- 2 cucchiai di olio per soffriggere
- 2 spicchi d'aglio, tritati

  Sbollentare gli spinaci immergendo brevemente le foglie in acqua bollente. Scolare bene.

  Schiaccia i cubetti di tofu fermentato e aggiungi la polvere alle cinque spezie.

  Aggiungi l'olio a un wok o una padella preriscaldati. Quando l'olio è caldo, aggiungere l'aglio e soffriggere brevemente fino a quando diventa aromatico. Aggiungere

gli spinaci e saltare in padella per 1-2 minuti. Aggiungere
la cagliata di fagioli schiacciata al centro del wok e
mescolare con gli spinaci. Cuocere e servire caldo.

4. Tofu Stufato

- 1 libbra di manzo
- 4 funghi secchi
- 8 once di tofu pressato
- 1 tazza di salsa di soia leggera
- ¼ di tazza di salsa di soia scura
- ¼ di tazza di vino di riso cinese o sherry secco
- 2 cucchiai di olio per soffriggere
- 2 fette di zenzero
- 2 spicchi d'aglio, tritati
- 2 tazze d'acqua
- 1 anice stellato

    Tagliate la carne di manzo a fettine sottili. Mettere a
    bagno i funghi secchi in acqua calda per almeno 20 minuti

per ammorbidirli. Strizzare delicatamente per eliminare l'acqua in eccesso e affettare.

Taglia il tofu a cubetti da ½ pollice. Unire la salsa di soia leggera, la salsa di soia scura, il vino di riso Konjac, bianco e marrone e mettere da parte.

Aggiungi l'olio a un wok o una padella preriscaldati. Quando l'olio è caldo, aggiungere le fettine di zenzero e l'aglio e saltare in padella brevemente fino a quando non diventa aromatico. Aggiungere la carne e cuocere fino a doratura. Prima che la carne abbia terminato la cottura, aggiungere i cubetti di tofu e friggere brevemente.

Aggiungere la salsa e 2 tazze d'acqua. Aggiungi l'anice stellato. Portare a ebollizione, quindi abbassare la fiamma e cuocere a fuoco lento. Dopo 1 ora aggiungere i funghi secchi. Cuoci a fuoco lento per altri 30 minuti o fino a quando il liquido non si è ridotto. Se lo si desidera, rimuovere l'anice stellato prima di servire.

5. Tagliatelle cinesi in salsa di arachidi e sesamo

- 1 libbra di tagliatelle in stile cinese
- 2 cucchiai. olio di sesamo scuro

CONDIMENTO:

- 6 cucchiai. burro di arachidi 1/4 tazza di acqua
- 3 cucchiai. salsa di soia leggera 6 cucchiai. salsa di soia scura
- 6 cucchiai. tahini (pasta di sesamo)
- 1/2 tazza di olio di sesamo scuro 2 cucchiai. Sherry
- 4 cucchiaini. Aceto di vino di riso 1/4 tazza di miele
- 4 spicchi d'aglio medi, tritati
- 2 cucchiaini. zenzero fresco tritato
- 2-3 cucchiai. olio di peperoncino (o quantità a proprio piacimento) 1/2 tazza di acqua calda

Unisci i fiocchi di peperoncino e l'olio in una casseruola a fuoco medio. Portare a ebollizione e spegnere immediatamente il fuoco. Lasciate raffreddare. Filtrare in un piccolo contenitore di vetro che può essere sigillato. Refrigerare.

CONTORNO:

- 1 carota, sbucciata
- 1/2 cetriolo medio sodo, sbucciato, privato dei semi e tagliato alla julienne 1/2 tazza di arachidi tostate, tritate grossolanamente
- 2 cipolle verdi, tagliate a fettine sottili

Cuocere le tagliatelle in una pentola capiente di acqua bollente a fuoco medio. Cuocere fino a quando sono appena teneri e ancora sodi. Scolare immediatamente e risciacquare con acqua fredda fino a quando non sarà fredda. Scolare bene e condire i noodles con (2 cucchiai) di olio di sesamo scuro in modo che non si attacchino.

PER CONDIMENTO: unire tutti gli ingredienti tranne l'acqua calda in un frullatore e frullare fino ad ottenere un composto omogeneo. Diluire con acqua calda fino a ottenere la consistenza della panna da montare.

Per guarnire, sbucciare la polpa della carota a scaglie corte lunghe circa 4 pollici. Mettere in acqua ghiacciata per 30 minuti per arricciare. Appena prima di servire, condire le tagliatelle con la salsa. Guarnire con cetriolo, arachidi, cipolla verde e riccioli di carota. Servire freddo o a temperatura ambiente.

6. Tagliatelle al mandarino

- funghi cinesi secchi
- 1/2 libbra di spaghetti cinesi freschi 1/4 tazza di olio di arachidi
- cucchiaio di salsa hoisin 1 cucchiaio di salsa di fagioli
- cucchiai di vino di riso o sherry secco 3 cucchiai di salsa di soia leggera
- o miele
- 1/2 tazza di liquido per ammollo di funghi riservato 1 cucchiaino di pasta di peperoncino
- 1 cucchiaio di amido di mais
- 1/2 peperone rosso - in cubetti da 1/2 pollice
- 1/2 8 oncia può germogli di bambù interi, tagliati in 1/2 cubetti sciacquati e scolati 2 tazze di germogli di soia
- scalogno - affettato sottilmente

Immergere i funghi cinesi in 1 1/4 tazze di acqua calda per 30 minuti. Mentre sono in ammollo, portare a ebollizione 4 litri d'acqua e cuocere gli spaghetti per 3 minuti. Scolare e condire con 1 cucchiaio di olio di arachidi; mettere da parte.

Rimuovere i funghi; filtrare e riservare 1/2 tazza del liquido di ammollo per la salsa. Trin e scartare i gambi dei funghi; Tritare grossolanamente i cappelli e metterli da parte.

Unire gli ingredienti per la salsa in una piccola ciotola; mettere da parte. Sciogliere la maizena in 2 cucchiai di acqua fredda; mettere da parte.

Metti il wok a fuoco medio-alto. Quando inizia a fumare, aggiungi i 3 cucchiai rimanenti di olio di arachidi, quindi i funghi, il peperoncino, i germogli di bambù ei germogli di soia. Saltare in padella 2 minuti.

Mescolare la salsa e aggiungerla al wok e continuare a soffriggere fino a quando il composto inizia a bollire, circa 30 secondi.

Mescolare l'amido di mais sciolto e aggiungerlo al wok. Continua a mescolare finché la salsa non si addensa, circa 1 minuto. Aggiungere le tagliatelle e mescolare finché non si riscaldano, circa 2 minuti.

Trasferire su un piatto da portata e cospargere con lo scalogno affettato. Servire immediatamente

7. Cagliata di fagioli con salsa di fagioli e tagliatelle

- 8 once di spaghetti freschi alla pechinese
- 1 tofu compatto da 12 once
- 3 grandi gambi di bok choy E 2 cipolle verdi
- ⅓ tazza di salsa di soia scura
- 2 cucchiai di salsa di fagioli neri
- 2 cucchiaini di vino di riso cinese o sherry secco
- 2 cucchiaini di aceto di riso nero
- ¼ di cucchiaino di sale
- ¼ di cucchiaino di pasta di peperoncino con aglio

- 1 cucchiaino di olio al peperoncino piccante (pagina 23)
- ¼ di cucchiaino di olio di sesamo
- ½ tazza di acqua
- 2 cucchiai di olio per soffriggere
- 2 fette di zenzero tritate
- 2 spicchi d'aglio, tritati
- ¼ di cipolla rossa, tritata

Cuocere le tagliatelle in acqua bollente finché non saranno teneri. Scolare bene. Scolare il tofu e tagliarlo a cubetti. Sbollenta il bok choy tuffandolo brevemente in acqua bollente e scolando bene. Separare i gambi e le foglie. Tagliare le cipolle verdi in diagonale a fettine da 1 pollice e unire la salsa di soia scura, la salsa di fagioli neri, il vino di riso Konjac, l'aceto di riso nero, il sale, la pasta di peperoncino con l'aglio, l'olio di peperoncino piccante, l'olio di sesamo e l'acqua. Mettere da parte.

Aggiungi l'olio a un wok o una padella preriscaldati. Quando l'olio è caldo, aggiungi lo zenzero, l'aglio e le cipolle verdi. Saltare in padella brevemente fino a quando diventa aromatico. Aggiungere la cipolla rossa e soffriggere brevemente. Spingi verso l'alto e aggiungi i gambi di bok choy. Aggiungere le foglie e saltare in padella fino a quando il bok choy è di un verde brillante e la cipolla tenera. Se lo si desidera, condire con ¼ di cucchiaino di sale

Aggiungere la salsa al centro del wok e portare a ebollizione. Aggiungi il tofu. Cuocere a fuoco lento per alcuni minuti per consentire al tofu di assorbire la salsa. Aggiungi le tagliatelle. Mescola tutto e servi caldo.

8. Tofu Ripieno Di Gamberetti

- ½ libbra di tofu sodo
- 2 once di gamberetti cotti, pelati e sgusciati
- ⅛ cucchiaino di sale
- Pepe qb
- ¼ di cucchiaino di amido di mais
- ½ tazza di brodo di pollo
- ½ cucchiaino di vino di riso cinese o sherry secco
- ¼ di tazza d'acqua
- 2 cucchiai di salsa di ostriche
- 2 cucchiai di olio per soffriggere
- 1 cipolla verde, tagliata a pezzi da 1 pollice
  Scolare il tofu. Lavate i gamberi e asciugateli con carta
  assorbente. Marinare i gamberi con sale, pepe e amido di
  mais per 15 minuti.

Tenendo la mannaia parallela al tagliere, taglia il tofu a metà nel senso della lunghezza. Taglia ogni metà in 2 triangoli, quindi taglia ogni triangolo in altri 2 triangoli. Ora dovresti avere 8 triangoli.

Taglia una fessura nel senso della lunghezza su un lato del tofu. Inserire ¼ – ½ cucchiaino di gamberetti nella fessura.

Aggiungi l'olio a un wok o una padella preriscaldati. Quando l'olio è caldo, aggiungi il tofu. Rosola il tofu per circa 3-4 minuti, girandolo almeno una volta e assicurandoti che non si attacchi al fondo del wok. Se hai dei gamberi avanzati, aggiungili durante l'ultimo minuto di cottura.

Aggiungere il brodo di pollo, il vino di riso Konjac, l'acqua e la salsa di ostriche al centro del wok. Portare ad ebollizione. Abbassa la fiamma, copri e lascia sobbollire per 5-6 minuti. Incorporare la cipolla verde. Servire caldo.

9. Cagliata di fagioli con verdure di Szechwan

- 7 once (2 blocchi) di farina di fave pressata
- ¼ di tazza di verdura di Szechwan conservata
- ½ tazza di brodo di pollo o brodo
- 1 cucchiaino di vino di riso cinese o sherry secco
- ½ cucchiaino di salsa di soia
- 4-5 tazze di olio per friggere

  Riscaldare almeno 4 tazze di olio in un wok preriscaldato a 350 ° F. In attesa che l'olio si scaldi, tagliare la farina di fave pressata a cubetti da 1 pollice. Taglia la verdura di Szechwan a cubetti. Unire il brodo di pollo e il vino di riso e mettere da parte.

  Quando l'olio è caldo, aggiungi i cubetti di farina di fave e friggi finché non diventano marrone chiaro. Togliere dal wok con una schiumarola e mettere da parte.

Togli tutto l'olio dal wok tranne 2 cucchiai. Aggiungere la verdura di Szechwan conservata. Saltare in padella per 1-2 minuti, quindi spingere verso l'alto sul lato del wok. Aggiungere la miscela di brodo di pollo al centro del wok e portare a ebollizione. Mescolare la salsa di soia. Aggiungere la cagliata di fagioli pressata. Amalgamate il tutto, fate sobbollire per qualche minuto e servite ben caldo.

10. Tofu brasato con tre verdure

- 4 funghi secchi
- ¼ di tazza di liquido per ammollo dei funghi riservato
- ⅔ tazza di funghi freschi
- ½ tazza di brodo di pollo
- 1 ½ cucchiaio di salsa di ostriche
- 1 cucchiaino di vino di riso cinese o sherry secco
- 2 cucchiai di olio per soffriggere
- 1 spicchio d'aglio, tritato
- 1 tazza di carotine, tagliate a metà

- 2 cucchiaini di amido di mais mescolato con 4 cucchiaini di acqua
- ¾ libbra di tofu pressato, tagliato a cubetti da ½ pollice

Mettere a bagno i funghi secchi in acqua calda per almeno 20 minuti. Riserva ¼ di tazza del liquido di ammollo. Affetta i funghi secchi e freschi.

Unisci il liquido di funghi riservato, il brodo di pollo, la salsa di ostriche e il vino di riso Konjac. Mettere da parte.

Aggiungi l'olio a un wok o una padella preriscaldati. Quando l'olio è caldo, aggiungere l'aglio e saltare in padella brevemente fino a quando diventa aromatico. Aggiungi le carote. Saltare in padella per 1 minuto, quindi aggiungere i funghi e saltare in padella.

Aggiungere la salsa e portare a ebollizione. Mescolare la miscela di amido di mais e acqua e aggiungerla alla salsa, mescolando velocemente per addensare.

Aggiungi i cubetti di tofu. Mescola tutto insieme, abbassa la fiamma e lascia sobbollire per 5-6 minuti. Servire caldo.

11. Triangoli Di Tofu Ripieni Di Maiale

- ½ libbra di tofu sodo
- ¼ di libbra di maiale macinato
- ⅛ cucchiaino di sale
- Pepe qb
- ½ cucchiaino di vino di riso cinese o sherry secco
- ½ tazza di brodo di pollo

- ¼ di tazza d'acqua
- 2 cucchiai di salsa di ostriche
- 2 cucchiai di olio per soffriggere
- 1 cipolla verde, tagliata a pezzi da 1 pollice

Scolare il tofu. Metti la carne di maiale macinata in una ciotola media. Aggiungere il sale, il pepe e il vino di riso Konjac. Marinare il maiale per 15 minuti.

Tenendo la mannaia parallela al tagliere, taglia il tofu a metà nel senso della lunghezza. Taglia ogni metà in 2 triangoli, quindi taglia ogni triangolo in altri 2 triangoli. Ora dovresti avere 8 triangoli.

Taglia una fessura nel senso della lunghezza lungo uno dei bordi di ciascun triangolo di tofu. Metti ¼ cucchiaino colmo di carne di maiale macinata nella fessura.

Aggiungi l'olio a un wok o una padella preriscaldati. Quando l'olio è caldo, aggiungi il tofu. Se hai degli avanzi di carne di maiale macinata, aggiungila anche tu. Rosola il tofu per circa 3-4 minuti, girandolo almeno una volta e assicurandoti che non si attacchi al fondo del wok.

Aggiungere il brodo di pollo, l'acqua e la salsa di ostriche al centro del wok. Portare ad ebollizione. Abbassa il fuoco, copri e lascia sobbollire per 5-6 minuti. Incorporare la cipolla verde. Servire caldo.

12. Frittelle di mirtilli rossi con sciroppo

Per 4-6 porzioni

1 tazza di acqua bollente
$1/2$ tazza di mirtilli rossi secchi zuccherati
$1/2$ tazza di sciroppo d'acero
$1/4$ tazza di succo d'arancia fresco
$1/4$ tazza di arancia tritata
1 cucchiaio di margarina vegana
11/2 tazze di farina per tutti gli usi
1 cucchiaio di zucchero
1 cucchiaio di lievito in polvere

$\frac{1}{2}$ cucchiaino di sale
$1\frac{1}{2}$ tazze di latte di soia
$\frac{1}{4}$ tazza di tofu morbido e setoso, scolato
1 cucchiaio di olio di canola o di vinaccioli, più altro per friggere

In una ciotola resistente al calore, versare l'acqua bollente sui mirtilli rossi e mettere da parte per ammorbidire, circa 10 minuti. Scolare bene e mettere da parte.

In una piccola casseruola, unire lo sciroppo d'acero, il succo d'arancia, l'arancia e la margarina e scaldare a fuoco basso, mescolando per sciogliere la margarina. Tenere caldo. Preriscalda il forno a 225 ° F.

In una grande ciotola, unire la farina, lo zucchero, il lievito e il sale e mettere da parte.

In un robot da cucina o in un frullatore, unisci il latte di soia, il tofu e l'olio fino a ottenere un composto omogeneo.

Versare gli ingredienti umidi negli ingredienti essiccati e frullare con pochi colpi rapidi. Incorporare i mirtilli rossi ammorbiditi.

Su una piastra o una padella grande, scalda un sottile strato di olio a fuoco medio-alto. Mestolo da 1/4 tazza a 1/3 tazza della pastella sulla piastra calda. Cuocere fino a quando non compaiono piccole bolle sulla parte superiore, da 2 a 3 minuti. Capovolgere la frittella e cuocere fino a quando il secondo lato è dorato, circa 2 minuti in più. Trasferire le frittelle cotte su un piatto resistente al calore e tenere al caldo in forno mentre si cuoce il resto. Servire con sciroppo d'acero all'arancia.

13. Tofu glassato alla soia

Per 4 porzioni

- 1 libbra di tofu extra compatto, scolato, tagliato a fette da 1/2 pollice e pressato
- ¼ tazza di olio di sesamo tostato
- ¼ tazza di aceto di riso
- 2 cucchiaini di zucchero

Asciugare il tofu e disporlo in una teglia da 9 x 13 pollici e mettere da parte.

In una piccola casseruola, unire la salsa di soia, l'olio, l'aceto e lo zucchero e portare a ebollizione. Versare la marinata calda sul tofu e mettere da parte a marinare 30 minuti, girando una volta.

Preriscalda il forno a 350 ° F. Cuocere il tofu per 30 minuti, girandolo una volta circa a metà cottura. Servire immediatamente o lasciare raffreddare a temperatura ambiente, quindi coprire e conservare in frigorifero fino al momento del bisogno.

14. Tofu alla Cajun

Per 4 porzioni

- 1 libbra di tofu extra compatto, scolato e asciugato
- sale
- 1 cucchiaio più 1 cucchiaino di condimento Cajun
- 2 cucchiai di olio d'oliva
- ¼ tazza di peperone verde tritato
- 1 cucchiaio di sedano tritato

- 2 cucchiai di cipolla verde tritata
- 2 spicchi d'aglio, tritati
- 1 (14,5 once) lattina di pomodori a cubetti, scolati
- 1 cucchiaio di salsa di soia
- 1 cucchiaio di prezzemolo fresco tritato

Tagliare il tofu a fette spesse 1/2 pollice e cospargere entrambi i lati con sale e 1 cucchiaio di condimento Cajun. Mettere da parte.

In una piccola casseruola, scalda 1 cucchiaio di olio a fuoco medio. Aggiungere il peperone e il sedano. Coprite e cuocete per 5 minuti. Aggiungere il cipollotto e l'aglio e cuocere, scoperto, 1 minuto in più. Incorporare i pomodori, la salsa di soia, il prezzemolo, il restante 1 cucchiaino di miscela di spezie cajun e aggiustare di sale. Cuocere a fuoco lento per 10 minuti per amalgamare i sapori e mettere da parte.

In una padella capiente, scalda il restante 1 cucchiaio di olio a fuoco medio-alto. Aggiungere il tofu e cuocere fino a doratura su entrambi i lati, circa 10 minuti. Aggiungere la salsa e cuocere a fuoco lento per 5 minuti. Servite subito.

15. Tofu croccante con salsa di capperi frizzante

Per 4 porzioni

- 1 libbra di tofu extra compatto, scolato, tagliato a fette da 1/4 di pollice e pressato
- Sale e pepe nero appena macinato
- 2 cucchiai di olio d'oliva, più altro se necessario
- 1 scalogno medio, tritato
- 2 cucchiai di capperi
- 3 cucchiai di prezzemolo fresco tritato
- 2 cucchiai di margarina vegana
- Succo di 1 limone

Preriscalda il forno a 275 ° F. Asciugare il tofu e condire con sale e pepe a piacere. Metti la maizena in una ciotola poco profonda. Trascina il tofu nell'amido di mais, ricoprendo tutti i lati.

In una padella capiente, scalda 2 cucchiai di olio a fuoco medio. Aggiungere il tofu, in quantità se necessario, e cuocere fino a doratura su entrambi i lati, circa 4 minuti per lato. Trasferisci il tofu fritto su un piatto resistente al calore e tienilo al caldo in forno.

Nella stessa padella, scalda il restante cucchiaio di olio a fuoco medio. Aggiungere lo scalogno e cuocere fino a quando non si sarà ammorbidito, circa 3 minuti. Aggiungere i capperi e il prezzemolo e cuocere per 30 secondi, quindi incorporare la margarina, il succo di limone, sale e pepe a piacere, mescolando per sciogliere e incorporare la margarina. Condite il tofu con la salsa ai capperi e servite immediatamente.

16. Tofu fritto in campagna con salsa dorata

Per 4 porzioni

- 1 libbra di tofu extra compatto, scolato, tagliato a fette da 1/2 pollice e pressato
- Sale e pepe nero appena macinato
- $1/3$ tazza di amido di mais
- 2 cucchiai di olio d'oliva
- 1 cipolla gialla dolce media, tritata
- 2 cucchiai di farina 00
- 1 cucchiaino di timo essiccato
- $1/8$ cucchiaino di curcuma
- 1 tazza di brodo vegetale, fatto in casa (vedi Brodo Vegetale Leggero) o acquistato in negozio
- 1 cucchiaio di salsa di soia

- 1 tazza di ceci cotti o in scatola, scolati e sciacquati
- 2 cucchiai di prezzemolo fresco tritato, per guarnire

Asciugare il tofu e condire con sale e pepe a piacere. Metti la maizena in una ciotola poco profonda. Trascina il tofu nell'amido di mais, ricoprendo tutti i lati. Preriscalda il forno a 250 ° F.

In una padella capiente, scalda 2 cucchiai di olio a fuoco medio. Aggiungere il tofu, a intervalli se necessario, e cuocere fino a doratura su entrambi i lati, circa 10 minuti. Trasferisci il tofu fritto su un piatto resistente al calore e tienilo al caldo in forno.

Nella stessa padella, scalda il restante cucchiaio di olio a fuoco medio. Aggiungere la cipolla, coprire e cuocere finché non si sarà ammorbidita, 5 minuti. Scopri e riduci la fiamma al minimo. Incorporare la farina, il timo e la curcuma e cuocere per 1 minuto, mescolando continuamente. Aggiungere lentamente il brodo, poi il latte di soia e la salsa di soia. Aggiungere i ceci e condire con sale e pepe a piacere. Continua a cuocere, mescolando spesso, per 2 minuti. Trasferire in un frullatore e frullare fino a ottenere un composto omogeneo e cremoso. Rimettere nella casseruola e scaldare fino a quando è caldo, aggiungendo un po 'più di brodo se la salsa è troppo densa. Versare la salsa sul tofu e spolverare con il prezzemolo. Servite subito.

17. Tofu glassato all'arancia e asparagi

Per 4 porzioni

- 2 cucchiai di mirin
- 1 cucchiaio di amido di mais
- 1 confezione (16 once) di tofu extra duro, scolato e tagliato a strisce da 1/4 di pollice
- 2 cucchiai di salsa di soia
- 1 cucchiaino di olio di sesamo tostato
- 1 cucchiaino di zucchero
- 1/4 cucchiaino di pasta di peperoncino asiatico
- 2 cucchiai di olio di canola o di vinaccioli
- 1 spicchio d'aglio, tritato
- 1/2 cucchiaino di zenzero fresco tritato
- 150 g di asparagi sottili, le estremità dure rifilate e tagliate a pezzi da 1 pollice e mezzo

In una ciotola bassa, unire il mirin e la maizena e mescolare bene. Aggiungere il tofu e mescolare delicatamente per ricoprire. Mettere da parte a marinare per 30 minuti.

In una piccola ciotola, unire il succo d'arancia, la salsa di soia, l'olio di sesamo, lo zucchero e la pasta di peperoncino. Mettere da parte.

In una padella grande o in un wok, scalda l'olio di canola a fuoco medio. Aggiungere l'aglio e lo zenzero e saltare in padella fino a renderli fragranti, circa 30 secondi. Aggiungere il tofu marinato e gli asparagi e saltare in padella fino a quando il tofu è dorato e gli asparagi sono appena teneri, circa 5 minuti. Incorporare la salsa e cuocere per altri 2 minuti circa. Servite subito.

18. Pizzaiola di tofu

Per 4 porzioni

- 2 cucchiai di olio d'oliva
- 1 confezione (16 once) di tofu extra-duro, scolata, tagliata a fette da 1/2 pollice e pressata (vedere Brodo Vegetale Leggero)
- sale
- 3 spicchi d'aglio, tritati
- 1 (14,5 once) lattina di pomodori a cubetti, scolati
- 1/4 tazza di pomodori essiccati al sole confezionati in olio, tagliati a strisce da 1/4 di pollice
- 1 cucchiaio di capperi
- 1 cucchiaino di origano essiccato

- ¹/2 cucchiaino di zucchero
- Pepe nero appena macinato
- 2 cucchiai di prezzemolo fresco tritato, per guarnire

Preriscalda il forno a 275 ° F. In una padella capiente, scalda 1 cucchiaio di olio a fuoco medio. Aggiungere il tofu e cuocere fino a doratura su entrambi i lati, girando una volta, circa 5 minuti per lato. Cospargere il tofu con sale a piacere. Trasferisci il tofu fritto su un piatto resistente al calore e tienilo al caldo in forno.

Nella stessa padella, scalda il restante 1 cucchiaio di olio a fuoco medio. Aggiungere l'aglio e cuocere fino a quando non si sarà ammorbidito, circa 1 minuto. Non rosolare. Incorporare i pomodori a cubetti, i pomodori secchi, le olive e i capperi. Aggiungere l'origano, lo zucchero, sale e pepe a piacere. Cuocere a fuoco lento fino a quando la salsa è calda e i sapori sono ben amalgamati, circa 10 minuti. Condire le fette di tofu fritto con la salsa e cospargere con il prezzemolo. Servite subito.

19. Tofu "Ka-Pow"

Per 4 porzioni

- 1 libbra di tofu extra compatto, scolato, asciugato tamponando e tagliato a cubetti da 1 pollice
- sale
- 2 cucchiai di amido di mais
- 2 cucchiai di salsa di soia
- 1 cucchiaio di salsa di ostriche vegetariana

- 2 cucchiaini di Nam Pla Nothin 'Fishy o 1 cucchiaino di aceto di riso
- 1 cucchiaino di zucchero di canna chiaro
- $1/2$ cucchiaino di peperone rosso tritato
- 2 cucchiai di olio di canola o di vinaccioli
- 1 cipolla gialla mediamente dolce, tagliata a metà e tagliata a fette da $1/2$ pollice
- peperone rosso medio, tagliato a fette di $1/4$ di pollice
- cipolle verdi, tritate
- $1/2$ tazza di foglie di basilico tailandese

In una ciotola media, unisci il tofu, il sale a piacere e l'amido di mais. Mescola per ricoprire e metti da parte.

In una piccola ciotola, unire la salsa di soia, la salsa di ostriche, il nam pla, lo zucchero e il peperoncino tritato. Mescola bene per amalgamare e metti da parte.

In una padella capiente, scalda 1 cucchiaio di olio a fuoco medio-alto. Aggiungere il tofu e cuocere fino a doratura, circa 8 minuti. Togliere dalla padella e mettere da parte.

Nella stessa padella, scalda il restante 1 cucchiaio di olio a fuoco medio. Aggiungere la cipolla e il peperone e saltare in padella finché non si saranno ammorbiditi, circa 5 minuti. Aggiungere le cipolle verdi e cuocere 1 minuto in più. Mescolare il tofu fritto, la salsa e il basilico e saltare in padella fino a quando sono caldi, circa 3 minuti. Servite subito.

20. Tofu Alla Siciliana

Per 4 porzioni

- 2 cucchiai di olio d'oliva
- 1 libbra di tofu extra compatto, scolato, tagliato a fette da 1/4 pollice e pressato Sale e pepe nero appena macinato
- 1 cipolla gialla piccola, tritata
- 2 spicchi d'aglio, tritati
- 1 (28 once) lattina di pomodori a cubetti, scolati
- 1/4 di tazza di vino bianco secco
- 1/4 cucchiaino di peperone rosso tritato
- 1/3 tazza di olive Kalamata snocciolate
- 1 cucchiaio e mezzo di capperi
- 2 cucchiai di basilico fresco tritato o 1 cucchiaino essiccato (facoltativo)

Preriscalda il forno a 250 ° F. In una padella capiente, scalda 1 cucchiaio di olio a fuoco medio. Aggiungere il tofu, in quantità se necessario, e cuocere fino a doratura su entrambi i lati, 5 minuti per lato. Condire con sale e pepe nero a piacere. Trasferisci il tofu cotto su un piatto resistente al calore e tienilo al caldo in forno mentre prepari la salsa.

In the same skillet, heat the remaining 1 tablespoon oil over medium heat. Add the onion and garlic, cover, and cook until the onion is softened, 10 minutes. Add the tomatoes, wine, and crushed red pepper. Bring to a boil, then reduce heat to low and simmer, uncovered, for 15 minutes. Stir in the olives and capers. Cook for 2 minutes more.

Arrange the tofu on a platter or individual plates. Spoon the sauce on top. Sprinkle with fresh basil, if using. Serve immediately.

21. Thai-Phoon Stir-Fry

Makes 4 servings

- 1 pound extra-firm tofu, drained and patted dr
- 2 tablespoons canola or grapeseed oil
- medium shallots, halved lengthwise and cut into 1/8-inch slices
- 2 garlic cloves, minced
- 2 teaspoons grated fresh ginger
- 3 ounces white mushroom caps, lightly rinsed, patted dry, and cut into 1/2-inch slices
- 1 tablespoon creamy peanut butter
- 2 teaspoons light brown sugar
- 1 cucchiaino di pasta di peperoncino asiatico

- 2 cucchiai di salsa di soia
- 1 cucchiaio di mirin
- 1 (13,5 once) può latte di cocco non zuccherato
- 6 once di spinaci freschi tritati
- 1 cucchiaio di olio di sesamo tostato
- Riso o noodles appena cucinati, da servire
- 2 cucchiai di basilico fresco tailandese o coriandolo tritato finemente
- 2 cucchiai di arachidi tostate non salate tritate
- 2 cucchiaini di zenzero cristallizzato tritato (facoltativo)

Taglia il tofu a dadi da 1/2 pollice e mettilo da parte. In una padella capiente, scalda 1 cucchiaio di olio a fuoco medio-alto. Aggiungere il tofu e saltare in padella fino a doratura, circa 7 minuti. Togli il tofu dalla padella e mettilo da parte.

Nella stessa padella, scalda il restante 1 cucchiaio di olio a fuoco medio. Aggiungere lo scalogno, l'aglio, lo zenzero e i funghi e saltare in padella finché non si ammorbidiscono, circa 4 minuti.

Incorporare il burro di arachidi, lo zucchero, la pasta di peperoncino, la salsa di soia e il mirin. Incorporare il latte di cocco e mescolare fino a quando non sarà ben amalgamato. Aggiungere il tofu fritto e gli spinaci e portare a ebollizione. Riduci la fiamma a un livello medio-basso e fai sobbollire, mescolando di tanto in tanto, finché gli spinaci non saranno appassiti e i sapori saranno ben amalgamati, da 5 a 7 minuti. Incorporare l'olio di sesamo e cuocere a fuoco lento per un altro minuto. Per servire, versare la miscela di tofu su riso o noodles a scelta e guarnire con cocco, basilico, arachidi e zenzero cristallizzato, se lo si utilizza. Servite subito.

22. Tofu Al Forno Dipinto Con Chipotle

Per 4 porzioni

- 2 cucchiai di salsa di soia
- 2 peperoncini chipotle in scatola in adobo
- 1 cucchiaio di olio d'oliva
- 1 libbra di tofu extra compatto, scolato, tagliato a fette spesse 1/2 pollice e pressato (vedi Brodo Vegetale Leggero)

Preriscalda il forno a 375 ° F. Ungere leggermente una teglia da forno da 9 x 13 pollici e metterla da parte.

In un robot da cucina, unire la salsa di soia, i chipotles e l'olio e frullare fino a ottenere un composto omogeneo. Raschiare la miscela di chipotle in una piccola ciotola.

Spennellate il composto di chipotle su entrambi i lati delle fette di tofu e disponetele in un unico strato nella padella preparata. Cuocere fino a quando sono caldi, circa 20 minuti. Servite subito.

23. Tofu alla griglia con glassa al tamarindo

Per 4 porzioni

- 1 libbra di tofu extra compatto, scolato e asciugato
- Sale e pepe nero appena macinato
- 2 cucchiai di olio d'oliva
- 2 scalogni medi, tritati
- 2 spicchi d'aglio, tritati
- 2 pomodori maturi, tritati grossolanamente
- 2 cucchiai di ketchup
- ¼ tazza di acqua
- 2 cucchiai di senape di Digione
- 1 cucchiaio di zucchero di canna scuro
- 2 cucchiai di nettare d'agave
- 2 cucchiai di concentrato di tamarindo
- 1 cucchiaio di melassa scura
- ½ cucchiaino di pepe di Caienna macinato

- 1 cucchiaio di paprika affumicata
- 1 cucchiaio di salsa di soia

Tagliare il tofu a fette da 1 pollice, condire con sale e pepe a piacere e mettere da parte in una teglia bassa.

In una grande casseruola, scaldare l'olio a fuoco medio. Aggiungere lo scalogno e l'aglio e rosolare per 2 minuti. Aggiungere tutti gli ingredienti rimanenti, tranne il tofu. Abbassa la fiamma e lascia sobbollire per 15 minuti. Trasferisci il composto in un frullatore o in un robot da cucina e frulla fino a che liscio. Rimettere nella casseruola e cuocere per 15 minuti in più, quindi mettere da parte a raffreddare. Versare la salsa sul tofu e conservare in frigorifero per almeno 2 ore. Preriscalda una griglia o una griglia.

Grigliare il tofu marinato, girandolo una volta, per riscaldarlo e rosolarlo bene su entrambi i lati. Mentre il tofu cuoce, riscalda la marinata in una casseruola. Togli il tofu dalla griglia, spennella ogni lato con la salsa al tamarindo e servi immediatamente.

24. Tofu Ripieno Di Crescione

Per 4 porzioni

- 1 pound extra-firm tofu, drained, cut into ¾-inch slices, and pressed (see Light Vegetable Broth)
- Salt and freshly ground black pepper
- 1 small bunch watercress, tough stems removed and chopped
- 2 ripe plum tomatoes, chopped
- ½ cup minced green onions
- 2 tablespoons minced fresh parsley
- 2 tablespoons minced fresh basil
- 1 teaspoon minced garlic
- 2 tablespoons olive oil
- 1 tablespoon balsamic vinegar
- Pinch sugar

- $1/2$ cup all-purpose flour
- $1/2$ cup water
- 11/2 cups dry unseasoned bread crumbs

Cut a long deep pocket in side of each slice of tofu and place the tofu on a baking sheet. Season with salt and pepper to taste and set aside.

In a large bowl, combine the watercress, tomatoes, green onions, parsley, basil, garlic, 2 tablespoons of the oil, vinegar, sugar, and salt and pepper to taste. Mix until well combined, then carefully stuff the mixture into the tofu pockets.

Metti la farina in una ciotola poco profonda. Versare l'acqua in una ciotola poco profonda separata. Disporre il pangrattato su un piatto grande. Passare il tofu nella farina, quindi immergerlo accuratamente nell'acqua, quindi trascinarlo nel pangrattato, ricoprendolo accuratamente.

In una padella capiente, scalda i 2 cucchiai di olio rimanenti a fuoco medio. Aggiungere il tofu ripieno alla padella e cuocere fino a doratura, girando una volta, 4-5 minuti per lato. Servite subito.

25. Tofu con pistacchio e melograno

Per 4 porzioni

- 1 libbra di tofu extra compatto, scolato, tagliato a fette di 1/4 di pollice e pressato (vedi Brodo Vegetale Leggero)
- Sale e pepe nero appena macinato
- 2 cucchiai di olio d'oliva
- 1/2 tazza di succo di melograno
- 1 cucchiaio di aceto balsamico
- 1 cucchiaio di zucchero di canna chiaro
- 2 cipolle verdi, tritate

- ½ tazza di pistacchi sgusciati non salati, tritati grossolanamente
- Condire il tofu con sale e pepe a piacere.

In una padella capiente, scalda l'olio a fuoco medio. Aggiungere le fette di tofu, in quantità se necessario, e cuocere fino a quando non saranno leggermente dorate, circa 4 minuti per lato. Togliere dalla padella e mettere da parte.

Nella stessa padella, aggiungi il succo di melograno, l'aceto, lo zucchero e le cipolle verdi e fai sobbollire a fuoco medio, per 5 minuti. Aggiungere metà dei pistacchi e cuocere finché la salsa non si sarà leggermente addensata, circa 5 minuti.

Rimettere il tofu fritto nella padella e cuocere fino a quando è caldo, circa 5 minuti, versando la salsa sul tofu mentre bolle. Servire subito, spolverato con i restanti pistacchi.

26. Tofu dell'isola delle spezie

Per 4 porzioni

- ¹/2 tazza di amido di mais
- ¹/2 cucchiaino di timo fresco tritato o 1/4 cucchiaino essiccato
- ¹/2 cucchiaino di maggiorana fresca tritata o 1/4 cucchiaino essiccata
- ¹/2 cucchiaino di sale
- ¹/4 cucchiaino di pepe di Caienna macinato
- ¹/4 cucchiaino di paprika dolce o affumicata
- ¹/4 cucchiaino di zucchero di canna chiaro
- ¹/8 cucchiaino di pimento macinato
- 1 libbra di tofu extra compatto, scolato e tagliato a strisce da 1/2 pollice
- 2 cucchiai di olio di canola o di vinaccioli
- 1 peperone rosso medio, tagliato a strisce da 1/4 di pollice
- 2 cipolle verdi, tritate
- 1 spicchio d'aglio, tritato
- 1 jalapeño, privato dei semi e tritato

- 2 pomodori datterini maturi, privati dei semi e tritati
- 1 tazza di ananas fresco o in scatola tritato
- 2 cucchiai di salsa di soia
- ¼ tazza di acqua
- 2 cucchiaini di succo di lime fresco
- 1 cucchiaio di prezzemolo fresco tritato, per guarnire

In una ciotola poco profonda, unire l'amido di mais, il timo, la maggiorana, il sale, il pepe di Caienna, la paprika, lo zucchero e il pimento. Mescolare bene. Immergi il tofu nella miscela di spezie, ricoprendolo su tutti i lati. Preriscalda il forno a 250 ° F.

In a large skillet, heat 2 tablespoons of the oil over medium heat. Add the dredged tofu, in batches if necessary and cook until golden brown, about 4 minutes per side. Transfer the fried tofu to a heatproof platter and keep warm in the oven.

In the same skillet, heat the remaining 1 tablespoon oil over medium heat. Add the bell pepper, green onions, garlic, and jalapeño. Cover and cook, stirring occasionally, until tender, about 10 minutes. Add the tomatoes, pineapple, soy sauce, water, and lime juice and simmer until the mixture is hot and the flavors have combined, about 5 minutes. Spoon the vegetable mixture over the fried tofu. Sprinkle with minced parsley and serve immediately.

27. Ginger Tofu with Citrus-Hoisin Sauce

Makes 4 servings

- 1 pound extra-firm tofu, drained, patted dry, and cut into 1/2-inch cubes
- 2 tablespoons soy sauce
- 2 cucchiai più 1 cucchiaino di amido di mais
- 1 cucchiaio più 1 cucchiaino di olio di canola o di vinaccioli
- 1 cucchiaino di olio di sesamo tostato
- 2 cucchiaini di zenzero fresco grattugiato
- cipolle verdi, tritate
- ⅓ tazza di salsa hoisin
- ½ tazza di brodo vegetale, fatto in casa (vediBrodo Vegetale Leggero) o acquistato in negozio
- ¼ tazza di succo d'arancia fresco
- 1 cucchiaio e mezzo di succo di lime fresco

- 1 cucchiaio e mezzo di succo di limone fresco
- Sale e pepe nero appena macinato

Metti il tofu in una ciotola poco profonda. Aggiungere la salsa di soia e mescolare per ricoprire, quindi cospargere con 2 cucchiai di amido di mais e mescolare per ricoprire.

In una padella capiente, scalda 1 cucchiaio di olio di canola a fuoco medio. Aggiungere il tofu e cuocere fino a doratura, girando di tanto in tanto, per circa 10 minuti. Togli il tofu dalla padella e mettilo da parte.

Nella stessa padella, scalda il restante cucchiaino di olio di canola e l'olio di sesamo a fuoco medio. Aggiungere lo zenzero e le cipolle verdi e cuocere fino a quando fragrante, circa 1 minuto. Mescolare la salsa hoisin, il brodo e il succo d'arancia e portare a ebollizione. Cuocere fino a quando il liquido si sarà leggermente ridotto e i sapori avranno la possibilità di fondersi, circa 3 minuti. In una piccola ciotola, unire il restante cucchiaino di amido di mais con il succo di lime e il succo di limone e aggiungerlo alla salsa, mescolando per addensare leggermente. Condite con sale e pepe a piacere.

Rimettere il tofu fritto nella padella e cuocere fino a quando non sarà ricoperto con la salsa e riscaldato. Servite subito.

28. Tofu con citronella e taccole

Per 4 porzioni

- 2 cucchiai di olio di canola o di vinaccioli
- 1 cipolla rossa media, tagliata a metà e affettata sottilmente
- 2 spicchi d'aglio, tritati
- 1 cucchiaino di zenzero fresco grattugiato
- 1 pound extra-firm tofu, drained and cut into 1/2-inch dice
- 2 tablespoons soy sauce
- 1 tablespoon mirin or sake

- 1 teaspoon sugar
- $^1/2$ teaspoon crushed red pepper
- 4 ounces snow peas, trimmed
- 1 tablespoon minced lemongrass or zest of 1 lemon
- 2 tablespoons coarsely ground unsalted roasted peanuts, for garnish

In a large skillet or wok, heat the oil over medium-high heat. Add the onion, garlic, and ginger and stir-fry for 2 minutes. Add the tofu and cook until golden brown, about 7 minutes.

Stir in the soy sauce, mirin, sugar, and crushed red pepper. Add the snow peas and lemongrass and stir-fry until the snow peas are crisp-tender and the flavors are well blended, about 3 minutes. Garnish with peanuts and serve immediately.

29. Double-Sesame Tofu with Tahini Sauce

Makes 4 servings

- $1/2$ cup tahini (sesame paste)
- 2 tablespoons fresh lemon juice
- 2 tablespoons soy sauce
- 2 tablespoons water
- $1/4$ tazza di semi di sesamo bianco
- $1/4$ tazza di semi di sesamo nero
- $1/2$ tazza di amido di mais
- 1 libbra di tofu extra compatto, scolato, asciugato con un colpetto e tagliato a strisce da 1/2 pollice
- Sale e pepe nero appena macinato
- 2 cucchiai di olio di canola o di vinaccioli

In una piccola ciotola, unire il tahini, il succo di limone, la salsa di soia e l'acqua, mescolando per amalgamare bene. Mettere da parte.

In una ciotola poco profonda, unire i semi di sesamo bianco e nero e l'amido di mais, mescolando per amalgamare. Condire il tofu con sale e pepe a piacere. Mettere da parte.

In una padella capiente, scalda l'olio a fuoco medio. Immergi il tofu nella miscela di semi di sesamo fino a quando non sarà ben ricoperto, quindi aggiungilo alla padella calda e cuoci finché non sarà dorato e croccante, girando se necessario, 3-4 minuti per lato. Fai attenzione a non bruciare i semi. Condire con salsa tahini e servire immediatamente.

30. Stufato Di Tofu E Edamame

Per 4 porzioni

- 2 cucchiai di olio d'oliva
- 1 cipolla gialla media, tritata
- ½ tazza di sedano tritato
- 2 spicchi d'aglio, tritati
- 2 patate medie Yukon Gold, sbucciate e tagliate a dadi da 1/2 pollice
- 1 tazza di edamame sgusciato fresco o congelato
- 2 tazze di zucchine sbucciate e tagliate a cubetti
- ½ tazza di piselli surgelati
- 1 cucchiaino di santoreggia essiccata
- ½ cucchiaino di salvia secca sbriciolata
- ⅛ cucchiaino di pepe di Caienna macinato
- 11/2 tazze di brodo vegetale, fatto in casa (vediBrodo Vegetale Leggero) o sale acquistato in negozio e pepe nero appena macinato

- 1 libbra di tofu extra compatto, scolato, asciugato tamponando e tagliato a dadi da 1/2 pollice
- 2 cucchiai di prezzemolo fresco tritato

In una grande casseruola, scalda 1 cucchiaio di olio a fuoco medio. Aggiungere la cipolla, il sedano e l'aglio. Coprite e cuocete finché non si saranno ammorbiditi, circa 10 minuti. Incorporare le patate, l'edamame, le zucchine, i piselli, il santoreggia, la salvia e il pepe di Caienna. Aggiungere il brodo e portare a ebollizione. Ridurre la fiamma al minimo e condire con sale e pepe a piacere. Coprire e cuocere a fuoco lento finché le verdure sono tenere e i sapori si sono amalgamati, circa 40 minuti.

In una padella capiente, scalda il restante 1 cucchiaio di olio a fuoco medio-alto. Aggiungere il tofu e cuocere fino a doratura, circa 7 minuti. Condite con sale e pepe a piacere e mettete da parte. Circa 10 minuti prima che lo spezzatino sia terminato, aggiungere il tofu fritto e il prezzemolo. Assaggiare, aggiustando i condimenti se necessario, e servire subito.

31. Sogno di soia e abbronzatura Cotolette

Per 6 porzioni

- 10 once di tofu sodo, scolato e sbriciolato
- 2 cucchiai di salsa di soia
- ¼ teaspoon sweet paprika
- ¼ teaspoon onion powder
- ¼ teaspoon garlic powder
- ¼ teaspoon freshly ground black pepper
- 1 cup wheat gluten flour (vital wheat gluten)
- 2 tablespoons olive oil

In a food processor, combine the tofu, soy sauce, paprika, onion powder, garlic powder, pepper, and flour. Process until well mixed. Transfer the mixture to a flat work surface and shape into a cylinder. Divide the mixture into 6 equal pieces and flatten them into very thin cutlets, no more than 1/4-inch thick. (To do this, place each cutlet between two pieces of waxed paper, film wrap, or parchment paper and roll flat with a rolling pin.)

In una padella capiente, scalda l'olio a fuoco medio. Aggiungere le cotolette, in lotti se necessario, coprire e cuocere fino a quando non saranno ben dorate su entrambi i lati, da 5 a 6 minuti per lato. Le cotolette sono ora pronte per essere utilizzate nelle ricette o servite subito, condite con una salsa.

32. Il mio tipo di polpettone

Per 4-6 porzioni

- 2 cucchiai di olio d'oliva
- ⅔ tazza di cipolla tritata
- 2 spicchi d'aglio, tritati
- 1 libbra di tofu extra compatto, scolato e asciugato
- 2 cucchiai di ketchup

- 2 cucchiai di tahini (pasta di sesamo) o burro di arachidi cremoso
- 2 cucchiai di salsa di soia
- $1/2$ tazza di noci tritate
- 1 tazza di avena vecchio stile
- 1 tazza di farina di glutine di frumento (glutine di frumento vitale)
- 2 cucchiai di prezzemolo fresco tritato
- $1/2$ cucchiaino di sale
- $1/2$ cucchiaino di paprika dolce
- $1/4$ cucchiaino di pepe nero appena macinato

Preheat the oven to 375°F. Lightly oil a 9-inch loaf pan and set aside. In a large skillet, heat 1 tablespoon of the oil over medium heat. Add the onion and garlic, cover, and cook until softened, 5 minutes.

In a food processor, combine the tofu, ketchup, tahini, and soy sauce and process until smooth. Add the reserved onion mixture and all the remaining ingredients. Pulse until well combined, but with some texture remaining.

Scrape the mixture into the prepared pan. Press the mixture firmly into the pan, smoothing the top. Bake until firm and golden brown, about 1 hour. Let stand for 10 minutes before slicing.

33. Very Vanilla French toast

Makes 4 servings

1 (12-ounce) package firm silken tofu, drained
1 1/2 cups soy milk
2 tablespoons cornstarch
1 tablespoon canola or grapeseed oil
2 teaspoons sugar
1 1/2 teaspoons pure vanilla extract
1/4 teaspoon salt
4 slices day-old Italian bread
Canola or grapeseed oil, for frying

Preheat the oven to 225°F. In a blender or food processor, combine the tofu, soy milk, cornstarch, oil, sugar, vanilla, and salt and blend until smooth.

Pour the batter into a shallow bowl and dip the bread in the batter, turning to coat both sides.

On a griddle or large skillet, heat a thin layer of oil over medium heat. Place the French toast on the hot griddle and cook until golden brown on both sides, turning once, 3 to 4 minutes per side.

Transfer the cooked French toast to a heatproof platter and keep warm in the oven while cooking the rest.

34. Sesame-Soy Breakfast Spread

Makes about 1 cup

¹⁄2 cup soft tofu, drained and patted dry
2 tablespoons tahini (sesame paste)
2 tablespoons nutritional yeast
1 tablespoon fresh lemon juice
2 teaspoons flaxseed oil
1 teaspoon toasted sesame oil
¹⁄2 cucchiaino di sale

In un frullatore o in un robot da cucina, unisci tutti gli
ingredienti e frulla fino a che liscio. Raschiare il composto
in una piccola ciotola, coprire e conservare in frigorifero
per diverse ore per intensificare il sapore. Se conservato
correttamente, si conserva fino a 3 giorni.

35. Radiatore Con Salsa Aurora

Per 4 porzioni

- 1 cucchiaio di olio d'oliva
- 3 spicchi d'aglio, tritati
- 3 cipolle verdi, tritate
- (28 once) può pomodori schiacciati
- 1 cucchiaino di basilico essiccato
- ½ cucchiaino di maggiorana essiccata
- 1 cucchiaino di sale

- ¼ cucchiaino di pepe nero appena macinato
- ⅓ tazza di crema di formaggio vegano o tofu morbido sgocciolato
- Radiatore da 1 libbra o altra piccola pasta a forma di
- 2 cucchiai di prezzemolo fresco tritato, per guarnire

In una grande casseruola, scaldare l'olio a fuoco medio. Aggiungere l'aglio e le cipolle verdi e cuocere fino a quando fragrante, 1 minuto. Incorporare i pomodori, il basilico, la maggiorana, il sale e il pepe. Portare la salsa a ebollizione, quindi abbassare la fiamma e cuocere a fuoco lento per 15 minuti, mescolando di tanto in tanto.

Nel robot da cucina, frullare la crema di formaggio fino a che liscio. Aggiungere 2 tazze di salsa di pomodoro e frullare fino a ottenere un composto omogeneo. Raschiare il composto di tofu e pomodoro nella casseruola con la salsa di pomodoro, mescolando per amalgamare. Assaggiare, aggiustando i condimenti se necessario. Tenere in caldo a fuoco basso.

In una pentola capiente di acqua bollente salata, cuocere la pasta a fuoco medio-alto, mescolando di tanto in tanto, fino al dente, circa 10 minuti. Scolateli bene e trasferiteli in una grande ciotola da portata. Aggiungere la salsa e mescolare delicatamente per amalgamare. Cospargere di prezzemolo e servire subito.

36. Lasagna classica al tofu

Per 6 porzioni

- 12 ounces lasagna noodles
- 1 pound firm tofu, drained and crumbled
- 1 pound soft tofu, drained and crumbled
- 2 tablespoons nutritional yeast
- 1 teaspoon fresh lemon juice
- 1 teaspoon salt
- $\frac{1}{4}$ teaspoon freshly ground black pepper

- 3 tablespoons minced fresh parsley
- $1/2$ cup vegan Parmesan orParmasio
- 4 cups marinara sauce, homemade (see Marinara Sauce) or store-bought

In a pot of boiling salted water, cook the noodles over medium-high heat, stirring occasionally until just al dente, about 7 minutes. Preheat the oven to 350°F. In a large bowl, combine the firm and soft tofus. Add the nutritional yeast, lemon juice, salt, pepper, parsley, and 1/4 cup of the Parmesan. Mix until well combined.

Versare uno strato di salsa di pomodoro sul fondo di una pirofila da 9 x 13 pollici. Coprite con uno strato di pasta cotta. Distribuire metà della miscela di tofu in modo uniforme sugli spaghetti. Ripeti con un altro strato di pasta seguito da uno strato di salsa. Distribuire il restante composto di tofu sopra la salsa e finire con un ultimo strato di pasta e salsa. Cospargere con il restante 1/4 di tazza di parmigiano. Se rimane della salsa, conservatela e servitela calda in una ciotola insieme alle lasagne.

Coprite con carta stagnola e infornate per 45 minuti. Rimuovere la copertura e cuocere per 10 minuti in più. Lasciate riposare per 10 minuti prima di servire.

37. Lasagna di bietole rosse e spinaci

Per 6 porzioni

- 12 once di tagliatelle di lasagna
- 1 cucchiaio di olio d'oliva
- 2 spicchi d'aglio, tritati
- 8 once di bietole rosse fresche, gambi duri rimossi e tritati grossolanamente
- 9 once di spinaci baby freschi, tritati grossolanamente
- 1 libbra di tofu compatto, scolato e sbriciolato
- 1 pound soft tofu, drained and crumbled
- 2 tablespoons nutritional yeast
- 1 teaspoon fresh lemon juice
- 2 tablespoons minced fresh flat-leaf parsley
- 1 teaspoon salt
- 1/4 teaspoon freshly ground black pepper

- 31/2 cups marinara sauce, homemade or store-bought

In a pot of boiling salted water, cook the noodles over medium-high heat, stirring occasionally until just al dente, about 7 minutes. Preheat the oven to 350°F.

In a large saucepan, heat the oil over medium heat. Add the garlic and cook until fragrant. Add the chard and cook, stirring until wilted, about 5 minutes. Add the spinach and continue to cook, stirring until wilted, about 5 minutes more. Cover and cook until soft, about 3 minutes. Uncover and set aside to cool. When cool enough to handle, drain any remaining moisture from the greens, pressing against them with a large spoon to squeeze out any excess liquid. Place the greens in a large bowl. Add tofu's, the nutritional yeast, lemon juice, parsley, salt, and pepper. Mix until well combined.

Spoon a layer of the tomato sauce into the bottom of 9 x 13-inch baking dish. Top with a layer of the noodles. Spread half of the tofu mixture evenly over the noodles. Repeat with another layer of noodles and a layer of sauce. Spread the remaining tofu mixture on top of the sauce and finish with a final layer of noodles, sauce, and top with the Parmesan.

Cover with foil and bake for 45 minutes. Remove cover and bake 10 minutes longer. Let stand for 10 minutes before serving.

38. Roasted Vegetable Lasagna

Makes 6 servings

- 1 medium zucchini, cut into 1/4-inch slices
- 1 medium eggplant, cut into 1/4-inch slices
- 1 medium red bell pepper, diced
- 2 tablespoons olive oil
- Salt and freshly ground black pepper
- 8 ounces lasagna noodles

- 1 pound firm tofu, drained, patted dry, and crumbled
- 1 pound soft tofu, drained, patted dry, and crumbled
- 2 tablespoons nutritional yeast
- 2 tablespoons minced fresh flat-leaf parsley
- 31/2 cups marinara sauce, homemade (seeMarinara Sauce) or store-bought

Preheat the oven to 425°F. Spread the zucchini, eggplant, and bell pepper on a lightly oiled 9 x 13-inch baking pan. Drizzle with the oil and season with salt and black pepper to taste. Roast the vegetables until soft and lightly browned, about 20 minutes. Remove from the oven and set aside to cool. Lower the oven temperature to 350°F.

In a pot of boiling salted water, cook the noodles over medium-high heat, stirring occasionally until just al dente, about 7 minutes. Drain and set aside. In a large bowl, combine the tofu with the nutritional yeast, parsley, and salt and pepper to taste. Mix well.

To assemble, spread a layer of tomato sauce in bottom of a 9 x 13-inch baking dish. Top the sauce with a layer of noodles. Top the noodles with half of the roasted vegetables then spread half the tofu mixture over the vegetables. Repeat with another layer of noodles, and top with more sauce. Repeat layering process with remaining vegetables and tofu mixture, ending with a layer of noodles and sauce. Sprinkle Parmesan on top.

Cover and bake for 45 minutes. Remove cover and bake another 10 minutes. Remove from oven and let stand for 10 minutes before cutting.

39. Lasagna with Radicchio And Mushrooms

Makes 6 servings

- 1 tablespoon olive oil
- 2 garlic cloves, minced
- 1 small head radicchio, shredded
- 8 ounces cremini mushrooms, lightly rinsed, patted dry, and thinly sliced
- Salt and freshly ground black pepper
- 8 ounces lasagna noodles
- 1 pound firm tofu, drained, patted dry, and crumbled
- 1 pound soft tofu, drained, patted dry, and crumbled
- 3 tablespoons nutritional yeast

- 2 tablespoons minced fresh parsley
- 3 cups marinara sauce, homemade (see Marinara Sauce) or store-bought

In a large skillet, heat the oil over medium heat. Add the garlic, radicchio, and mushrooms. Cover and cook, stirring occasionally, until tender, about 10 minutes. Season with salt and pepper to taste and set aside

In a pot of boiling salted water, cook the noodles over medium-high heat, stirring occasionally until just al dente, about 7 minutes. Drain and set aside. Preheat oven to 350°F.

In a large bowl, combine the firm and soft tofu. Add the nutritional yeast and parsley and mix until well combined. Mix in the radicchio and mushroom mixture and season with salt and pepper to taste.

Spoon a layer of the tomato sauce into the bottom of 9 x 13-inch baking dish. Top with a layer of the noodles. Spread half of the tofu mixture evenly over the noodles. Repeat with another layer of noodles followed by a layer of sauce. Spread the remaining tofu mixture on top and finish with a final layer of noodles and sauce. Sprinkle the top with ground walnuts.

Cover with foil and bake for 45 minutes. Remove cover and bake 10 minutes longer. Let stand for 10 minutes before serving.

40. Lasagna Primavera

Makes 6 to 8 servings

- 8 ounces lasagna noodles
- 2 tablespoons olive oil
- 1 small yellow onion, chopped
- 3 garlic cloves, minced
- 6 ounces silken tofu, drained
- 3 cups plain unsweetened soy milk
- 3 tablespoons nutritional yeast
- $\frac{1}{8}$ teaspoon ground nutmeg
- Salt and freshly ground black pepper
- 2 cups chopped broccoli florets
- 2 medium carrots, minced

- 1 small zucchini, halved or quartered lengthwise and cut into 1/4-inch slices
- 1 medium red bell pepper, chopped
- 2 pounds firm tofu, drained and patted dry
- 2 tablespoons minced fresh flat-leaf parsley
- 1/2 cup vegan Parmesan orParmasio
- 1/2 cup ground almonds or pine nuts

Preheat the oven to 350°F. In a pot of boiling salted water, cook the noodles over medium-high heat, stirring occasionally until just al dente, about 7 minutes. Drain and set aside.

In a small skillet, heat the oil over medium heat. Add the onion and garlic, cover, and cook until soft, about 5 minutes. Transfer the onion mixture to a blender. Add the silken tofu, soy milk, nutritional yeast, nutmeg, and salt and pepper to taste. Blend until smooth and set aside.

Steam the broccoli, carrots, zucchini, and bell pepper until tender. Remove from heat. Crumble the firm tofu into a large bowl. Add the parsley and 1/4 cup of the Parmesan and season with salt and pepper to taste. Mix until well combined. Stir in the steamed vegetables and mix well, adding more salt and pepper, if needed.

Spoon a layer of the white sauce into the bottom of lightly oiled 9 x 13-inch baking dish. Top with a layer of the noodles. Spread half of the tofu and vegetable mixture evenly over the noodles. Repeat with another layer of noodles, followed by a layer of sauce. Spread the remaining tofu mixture on top and finish with a final layer of noodles and sauce, ending with the remaining 1/4 cup Parmesan.Cover with foil and bake for 45 minutes.

41. Black Bean and Pumpkin Lasagna

Makes 6 to 8 servings

- 12 lasagna noodles
- 1 tablespoon olive oil
- 1 medium yellow onion, chopped
- 1 medium red bell pepper, chopped
- 2 garlic cloves, minced
- 11/2 cups cooked or 1 (15.5-ounce) can black beans, drained and rinsed
- (14.5-ounce) can crushed tomatoes
- 2 teaspoons chili powder
- Salt and freshly ground black pepper
- 1 pound firm tofu, well drained
- 3 tablespoons minced fresh parsley or cilantro
- 1 (16-ounce) can pumpkin puree
- 3 cups tomato salsa, homemade (see Fresh Tomato Salsa) or store-bought

In a pot of boiling salted water, cook the noodles over medium-high heat, stirring occasionally until just al dente, about 7 minutes. Drain and set aside. Preheat the oven to 375°F.

In a large skillet, heat the oil over medium heat. Add the onion, cover, and cook until softened. Add the bell pepper and garlic and cook until softened, 5 minutes longer. Stir in the beans, tomatoes, 1 teaspoon of the chili powder, and salt and black pepper to taste. Mix well and set aside.

In a large bowl, combine the tofu, parsley, the remaining 1 teaspoon chili powder, and salt and black pepper to taste. Set aside. In a medium bowl, combine the pumpkin with the salsa and stir to blend well. Season with salt and pepper to taste.

Spread about ¾ cup of the pumpkin mixture in the bottom of a 9 x 13-inch baking dish. Top with 4 of the noodles. Top with half of the bean mixture, followed by half of the tofu mixture. Top with four of the noodles, followed by a layer of the pumpkin mixture, then the remaining bean mixture, topped with the remaining noodles. Spread the remaining tofu mixture over the noodles, followed by the remaining pumpkin mixture, spreading it to the edges of the pan.

Cover with foil and bake until hot and bubbly, about 50 minutes. Uncover, sprinkle with pumpkin seeds, and let stand 10 minutes before serving.

42. Chard-Stuffed Manicotti

Makes 4 servings

- 12 manicotti
- 3 tablespoons olive oil
- 1 small onion, minced
- 1 medium bunch Swiss chard, tough stems trimmed and chopped
- 1 pound firm tofu, drained and crumbled
- Salt and freshly ground black pepper
- 1 cup raw cashews

- 3 cups plain unsweetened soy milk
- ⅛ teaspoon ground nutmeg
- ⅛ teaspoon ground cayenne
- 1 cup dry unseasoned bread crumbs

Preheat the oven to 350°F. Lightly oil a 9 x 13-inch baking dish and set aside.

In a pot of boiling salted water, cook the manicotti over medium-high heat, stirring occasionally, until al dente, about 8 minutes. Drain well and run under cold water. Set aside.

In a large skillet, heat 1 tablespoon of the oil over medium heat. Add the onion, cover, and cook until softened about 5 minutes. Add the chard, cover, and cook until the chard is tender, stirring occasionally, about 10 minutes. Remove from the heat and add the tofu, stirring to mix well. Season well with salt and pepper to taste and set aside.

In a blender or food processor, grind the cashews to a powder. Add 1½ cups of the soy milk, the nutmeg, the cayenne, and salt to taste. Blend until smooth. Add the remaining 1½ cups soy milk and blend until creamy. Taste, adjusting seasonings if necessary.

Spread a layer of the sauce on the bottom of the prepared baking dish. Pack about ⅓ cup of the chard stuffing into the manicotti. Arrange the stuffed manicotti in single layer in the baking dish. Spoon the remaining sauce over the manicotti. In a small bowl, combine the bread crumbs and the remaining 2 tablespoons oil and sprinkle over the manicotti. Cover with foil and bake until hot and bubbly, about 30 minutes. Serve immediately.

43. Spinach Manicotti

Makes 4 servings

- 12 manicotti
- 1 tablespoon olive oil
- 2 medium shallots, chopped
- 2 (10-ounce) packages frozen chopped spinach, thawed
- 1 pound extra-firm tofu, drained and crumbled
- ¼ teaspoon ground nutmeg
- Salt and freshly ground black pepper
- 1 cup toasted walnut pieces
- 1 cup soft tofu, drained and crumbled
- ¼ cup nutritional yeast
- 2 cups plain unsweetened soy milk
- 1 cup dry bread crumbs

Preheat the oven to 350°F. Lightly oil a 9 x 13-inch baking dish. In a pot of boiling salted water, cook the manicotti over medium-high heat, stirring occasionally, until al dente, about 10 minutes. Drain well and run under cold water. Set aside.

In a large skillet, heat the oil over medium heat. Add the shallots and cook until softened, about 5 minutes. Squeeze spinach to remove as much liquid as possible and add to the shallots. Season with nutmeg and salt and pepper to taste, and cook 5 minutes, stirring to blend flavors. Add the extra-firm tofu and stir to blend well. Set aside.

In a food processor, process the walnuts until finely ground. Add the soft tofu, nutritional yeast, soy milk, and salt and pepper to taste. Process until smooth.

Spread a layer of the walnut sauce on the bottom of the prepared baking dish. Fill the manicotti with the stuffing. Arrange the stuffed manicotti in single layer in the baking dish. Spoon the remaining sauce on top. Cover with foil and bake until hot, about 30 minutes. Uncover, sprinkle with bread crumbs, and bake 10 more minutes to lightly brown the top. Serve immediately.

44. Lasagna Pinwheels

Makes 4 servings

- 12 lasagna noodles
- 4 cups lightly packed fresh spinach
- 1 cup cooked or canned white beans, drained and rinsed
- 1 pound firm tofu, drained and patted dry
- ½ teaspoon salt
- ¼ teaspoon freshly ground black pepper
- ⅛ teaspoon ground nutmeg
- 3 cups marinara sauce, homemade (see Marinara Sauce) or store-bought

Preheat the oven to 350°F. In a pot of boiling salted water, cook the noodles over medium-high heat, stirring occasionally, until just al dente, about 7 minutes.

Place the spinach in a microwavable dish with 1 tablespoon of water. Cover and microwave for 1 minute until wilted. Remove from bowl, squeeze out any remaining liquid. Transfer the spinach to a food processor and pulse to chop. Add the beans, tofu, salt, and pepper and process until well combined. Set aside.

To assemble the pinwheels, lay the noodles out on a flat work surface. Spread about 3 tablespoons of tofu-spinach mixture onto the surface of each noodle and roll up. Repeat with remaining ingredients. Spread a layer of the tomato sauce in the bottom of a shallow casserole dish. Place the rolls upright on top of the sauce and spoon some of the remaining sauce onto each pinwheel. Cover with foil and bake for 30 minutes. Serve immediately.

45. Pumpkin Ravioli with Peas

Makes 4 servings

- 1 cup canned pumpkin puree
- $^{1}/2$ cup extra-firm tofu, well drained and crumbled
- 2 tablespoons minced fresh parsley
- Pinch ground nutmeg

- Salt and freshly ground black pepper
- 1 recipe Egg-Free Pasta Dough
- 2 or 3 medium shallots, halved longwise and cut into 1/4-inch slices
- 1 cup frozen baby peas, thawed

Use a paper towel to blot excess liquid from the pumpkin and the tofu, then combine in a food processor with the nutritional yeast, parsley, nutmeg, and salt and pepper to taste. Set aside.

To make the ravioli, roll out the pasta dough thinly on a lightly floured surface. Cut the dough into

2-inch-wide strips. Place 1 heaping teaspoonful of stuffing onto 1 pasta strip, about 1 inch from the top. Place another teaspoonful of filling on the pasta strip, about an inch below the first spoonful of filling. Repeat along the entire length of the dough strip. Lightly wet the edges of the dough with water and place a second strip of pasta on top of first one, covering the filling. Press the two layers of dough together between the portions of filling. Use a knife to trim the sides of the dough to make it straight, then cut across the dough in between each mound of filling to make square ravioli. Be sure to press out air pockets around filling before sealing. Use the tines of a fork to press along the edges of the dough to seal the ravioli. Transfer the ravioli to a floured plate and repeat with remaining dough and sauce. Set aside.

In a large skillet, heat the oil over medium heat. Add the shallots and cook, stirring occasionally, until the shallots are a deep golden brown but not burned, about 15 minutes. Stir in the peas and season with salt and pepper to taste. Keep warm over very low heat.

In a large pot of boiling salted water, cook the ravioli until they float to the top, about 5 minutes. Drain well and transfer to the pan with the shallots and peas. Cook for a minute or two to mingle the flavors, then transfer to a large serving bowl. Season with lots of pepper and serve immediately.

46. Artichoke-Walnut Ravioli

Makes 4 servings

- ⅓ cup plus 2 tablespoons olive oil
- 3 garlic cloves, minced
- 1 (10-ounce) package frozen spinach, thawed and squeezed dry
- 1 cup frozen artichoke hearts, thawed and chopped
- ⅓ cup firm tofu, drained and crumbled
- 1 cup toasted walnut pieces
- ¼ cup tightly packed fresh parsley
- Salt and freshly ground black pepper
- 1 recipe Egg-Free Pasta Dough
- 12 fresh sage leaves

In a large skillet, heat 2 tablespoons of the oil over medium heat. Add the garlic, spinach, and artichoke hearts. Cover and cook until the garlic is soft and the liquid is absorbed, about 3 minutes, stirring occasionally. Transfer the mixture to a food processor. Add the tofu, 1/4 cup of the walnuts, the parsley, and salt and pepper to taste. Process until minced and thoroughly mixed.

Set aside to cool.

To make the ravioli, roll out the dough very thinly (about 1/8 inch) on a lightly floured surface and cut it into 2-inch-wide strips. Place 1 heaping teaspoonful of stuffing onto a pasta strip, about 1 inch from the top. Place another teaspoonful of filling on the pasta strip, about 1 inch below the first spoonful of filling. Repeat along the entire length of the dough strip.

Lightly wet the edges of the dough with water and place a second strip of pasta on top of first one, covering the filling.

Press the two layers of dough together between the portions of filling. Use a knife to trim the sides of the dough to make it straight, and then cut across the dough in between each mound of filling to make square ravioli. Use the tines of a fork to press along the edges of the dough to seal the ravioli. Transfer the ravioli to a floured plate and repeat with remaining dough and filling.

Cook the ravioli in a large pot of boiling salted water until they float to the top, about 7 minutes. Drain well and set aside. In a large skillet, heat the remaining 1/3 cup oil over medium heat. Add the sage and the remaining ¾ cup walnuts and cook until the sage becomes crisp and the walnuts become fragrant.

Add the cooked ravioli and cook, stirring gently, to coat with the sauce and heat through. Serve immediately.

47. Tortellini with Orange Sauce

Makes 4 servings

- 1 tablespoon olive oil
- 3 garlic cloves, finely minced
- 1 cup firm tofu, drained and crumbled
- ¾ cup chopped fresh parsley
- ¼ cup vegan Parmesan orParmasio
- Salt and freshly ground black pepper
- 1 recipe Egg-Free Pasta Dough
- 21/2 cups marinara sauce, homemade (seeMarinara Sauce) or store-bought Zest of 1 orange
- ½ teaspoon crushed red pepper

- ½ cup soy creamer or plain unsweetened soy milk

In a large skillet, heat the oil over medium heat. Add the garlic and cook until soft, about 1 minute. Stir in the tofu, parsley, Parmesan, and salt and black pepper to taste. Mix until well blended. Set aside to cool.

To make the tortellini, roll out the dough thinly (about 1/8 inch) and cut into 2 1/2-inch squares. Place

1 teaspoon of stuffing just off center and fold one corner of the pasta square over the stuffing to form a triangle. Press edges together to seal, then wrap triangle, center point down, around your index finger, pressing the ends together so they stick. Fold down the point of the triangle and slide off your finger. Set aside on a lightly floured plate and continue with the rest of the dough and filling.

In a large saucepan, combine the marinara sauce, orange zest, and crushed red pepper. Heat until hot, then stir in the soy creamer and keep warm over very low heat.

In a pot of boiling salted water, cook the tortellini until they float to the top, about 5 minutes. Drain well and transfer to a large serving bowl. Add the sauce and toss gently to combine. Serve immediately.

48. Vegetable Lo Mein With Tofu

Makes 4 servings

- 12 ounces linguine
- 1 tablespoon toasted sesame oil
- 3 tablespoons soy sauce
- 2 tablespoons dry sherry
- 1 tablespoon water
- Pinch sugar
- 1 tablespoon cornstarch

- 2 tablespoons canola or grapeseed oil
- 1 pound extra-firm tofu, drained and diced
- 1 medium onion, halved and thinly sliced
- 3 cups small broccoli florets
- 1 medium carrot, cut into 1/4-inch slices
- 1 cup sliced fresh shiitake or white mushrooms
- 2 garlic cloves, minced
- 2 teaspoons grated fresh ginger
- 2 green onions, chopped

In a large pot of boiling salted water, cook the linguine, stirring occasionally, until tender, about 10 minutes. Drain well and transfer to a bowl. Add 1 teaspoon of the sesame oil and toss to coat. Set aside.

In a small bowl, combine the soy sauce, sherry, water, sugar, and the remaining 2 teaspoons sesame oil. Add the cornstarch and stir to dissolve. Set aside.

In a large skillet or wok, heat 1 tablespoon of the canola over medium-high heat. Add the tofu and cook until golden brown, about 10 minutes. Remove from the skillet and set aside.

Reheat the remaining canola oil in the same skillet. Add the onion, broccoli, and carrot and stir-fry until just tender, about 7 minutes. Add the mushrooms, garlic, ginger, and green onions and stir-fry for 2 minutes. Stir in the sauce and the cooked linguine and toss to mix well. Cook until heated through. Taste, adjusting seasonings and adding more soy sauce if needed. Serve immediately.

49. Pad Thai

Makes 4 servings

- 12 ounces dried rice noodles
- ⅓ cup soy sauce
- 2 tablespoons fresh lime juice
- 2 tablespoons light brown sugar
- 1 tablespoon tamarind paste (see headnote)
- 1 tablespoon tomato paste
- 3 tablespoons water
- ½ teaspoon crushed red pepper
- 3 tablespoons canola or grapeseed oil
- 1 pound extra-firm tofu, drained, pressed (see Tofu), and cut into 1/2-inch dice

- 4 green onions, minced
- 2 garlic cloves, minced
- $\frac{1}{3}$ cup coarsely chopped dry-roasted unsalted peanuts
- 1 cup bean sprouts, for garnish
- 1 lime, cut into wedges, for garnish

Soak the noodles in a large bowl of hot water until softened, 5 to 15 minutes, depending on the thickness of the noodles. Drain well and rinse under cold water. Transfer the drained noodles to a large bowl and set aside.

In a small bowl, combine the soy sauce, lime juice, sugar, tamarind paste, tomato paste, water, and crushed red pepper. Stir to mix well and set aside.

In a large skillet or wok, heat 2 tablespoons of the oil over medium heat. Add the tofu and stir-fry until golden brown, about 5 minutes. Transfer to a platter and set aside.

In the same skillet or wok, heat the remaining 1 tablespoon oil over medium heat. Add the onion and stir-fry for 1 minute. Add the green onions and garlic, stir-fry for 30 seconds, then add the cooked tofu and cook about 5 minutes, tossing occasionally, until golden brown. Add the cooked noodles and toss to combine and heat through.

Stir in the sauce and cook, tossing to coat, adding a splash or two of additional water, if needed, to prevent sticking. When the noodles are hot and tender, mound them on a serving platter and sprinkle with peanuts and cilantro.

Garnish with bean sprouts and lime wedges on the side of the platter. Serve hot.

50. Drunken Spaghetti with Tofu

Makes 4 servings

- 12 ounces spaghetti
- 3 tablespoons soy sauce
- 1 tablespoon vegetarian oyster sauce (optional)
- 1 teaspoon light brown sugar
- 8 ounces extra-firm tofu, drained and pressed (see Tofu)
- 2 tablespoons canola or grapeseed oil
- 1 medium red onion, thinly sliced
- 1 medium red bell pepper, thinly sliced

- 1 cup snow peas, trimmed
- 2 garlic cloves, minced
- ½ teaspoon crushed red pepper
- 1 cup fresh Thai basil leaves

In a pot of boiling salted water, cook the spaghetti over medium-high heat, stirring occasionally, until al dente, about 8 minutes. Drain well and transfer to a large bowl. In a small bowl, combine the soy sauce, oyster sauce, if using, and sugar. Mix well, then pour onto the reserved spaghetti, tossing to coat. Set aside.

Cut the tofu into 1/2-inch strips. In a large skillet or wok, heat 1 tablespoon of the oil over medium-high heat. Add the tofu and cook until golden, about 5 minutes. Remove from the skillet and set aside.

Return the skillet to the heat and add the remaining 1 tablespoon canola oil. Add the onion, bell pepper, snow peas, garlic, and crushed red pepper. Stir-fry until the vegetables are just tender, about 5 minutes. Add the cooked spaghetti and sauce mixture, the cooked tofu, and the basil and stir-fry until hot, about 4 minutes.

CONCLUSION

The health benefits of tofu are extensive. It is gluten-free and low in calories. It may lower "bad" cholesterol and it also contains isoflavones such as phytoestrogens. Isoflavones may have both estrogen-agonist or estrogen-antagonist properties. These may help protect against some cancers, heart disease, and osteoporosis. However, overconsumption may also present some risks.

If you're looking to go for bold flavors in your recipes, tofu is your ideal protein choice. However, always pay attention to the type of tofu as firm and extra firm varieties are best for sautéing and grilling while the silken is best for soups or dips. To sauté tofu for a stir fry, you should drain and press out any excess water first, which keeps it from falling apart while cooking. You can even crisp your tofu by tossing it in cornstarch (no deep frying needed).

Lightning Source UK Ltd.
Milton Keynes UK
UKHW020809110621
385331UK00004B/195

9 781802 884548